AF599775

GORRIÓN ERRANTE

Clemencia Corbalán

Aliarediciones

Corrección: Eladia Guerrero
Diseño de cubierta: Mónica Morales
Ilustración de cubierta: Juana Verdú
Maquetación: Aliar Ediciones

Depósito Legal: GR 331-2026
ISBN: 979-13-88058-92-9

Impreso en España

Edita
ALIAR Ediciones
www.aliarediciones.es
info@aliarediciones.es

GORRIÓN ERRANTE

Clemencia Corbalán

Gorrión

Sin nada que perder,
gorrión ambulante,
vagas de árbol en árbol,
de estanque en estanque.

Juegas a ser libre,
a llegar hasta el cielo.

Gorrión solitario,
perdido, aventurero.

Propósito

A partir de mañana viviré mi presente
levantándome fuerte cada vez que me caiga;
me dejaré aturdir por los amaneceres,
cogeré de las riendas mi potro desbocado.

A partir de mañana seré de nuevo niña
librando la batalla contra mi suficiencia,
y desempolvaré defectos reprimidos
dejándome llevar en mi nueva apariencia.

A partir de mañana me miraré al espejo,
veré con nuevos ojos mi olvidada belleza
y encararé los días con un ímpetu fresco
bebiendo el jugo dulce, o amargo de tristeza.

Quiero intentarlo, al menos, una vez, y otra, y otra.
Quiero sentirme libre de miedos y obsesiones;
esparcir por el aire mis prejuicios raídos
y que pase el olor a la tierra mojada,
la niñez que espontánea desata mis amarras,
purifica mi cuerpo y renueva mi alma.

Mi soledad

«Non, je ne suis jamais seul,
avec ma solitude».
Georges Moustaki

Antes estaba sola, pero no lo sabía.
Ahora he encontrado mi propia soledad,
la que me hace compañía,
me espera,
habla conmigo en son de libertad.
La que afirma y define mi persona y,
a veces, se hunde conmigo en el mar
de la tristeza y la melancolía.

Esta amiga eterna que presencia mi llanto
y, un momento después,
me ve resurgir de mis cenizas.
Mi compañera fiel, mi necesario emblema,
la espectadora en la sombra,
la que de mi mano nunca se suelta.

Ella es la culpable de mi ser sensible,
en ella encontré mi alma de poeta,
humilde pero gran refugio
para que esta alma débil y desamparada
reponga fuerzas y siga en el camino;

para aliviar mis penas, para coger carrera
y alcanzar otras metas más lejanas.

Soledad,
sin ti yo no soy yo,
solo una máscara.
Soledad que a veces me ahogas en tu ciénaga
y otras en tu alfombra me levantas.
Que juegas conmigo esquiva al escondite
y a la vez eres sombra que de mí no se aparta.

Y cuando al fin he comprendido
que solo estamos tú y yo en esta sórdida batalla,
he podido encontrar la fuerza que en mi interior se ocultaba
haciéndome creer que era débil,
jugándome malas pasadas.

Cuando al fin sé que estoy sola,
comienzo a obtener las respuestas
que tanto buscaba.

A mi Raquel

Se me fue un pajarillo que quería volar;
mis ojos se inundaron mirándola marchar.
Pensaba que estas cosas no pasaban así:
a veces las personas evitamos sufrir.

Apenas despuntaban sus alas y su fuerza,
el lejano horizonte lo imaginó muy cerca,
y emprendió su camino con la gran ilusión
y con la ignorancia de la inexperiencia.

De vez en cuando vuelve a mí revoloteando.
Sus trinos reverberan en mi ser solitario;
buscando mi cobijo esconde su cabeza
en mi falda y mis senos, de calor traspasados.

Miedo

Tengo miedo de todo.
De perderme por los aires.
De abandonar la partida.
De no saber. De no ser.
De ocultar la cabeza.
De quedarme dormida.
De dejarme derrotar
por las dudas y la insidia.
De habituarme a la inercia.

De que el miedo sea mi guía.

En la duda

No entiendo apenas nada
De todos los papeles
por mí representados
en esta triste vida,
no sé cuál juego ahora:

Si la niña preñada
de sueños y esperanzas,
alegre y confiada.

La esposa enajenada,
veleta por el viento vadeada.

La madre dolorida,
frustrada e incompleta
y ciega voluntaria.

O solo el ser humano
que contiene, en el alma y en la vida,
a la madre, a la mujer y a la niña.

Sola,

pero libre.

Triste,
pero dueña.

Dueña de mi soledad
y de mi tristeza.

Sola y triste,
pero dueña
y libre.

Sigo creyendo

Sigo creyendo en los sueños,
aunque los vea llegar,
fugaces como meteoritos,
y estrellarse en la tierra.

Sigo creando sueños,
aunque, como burbujas
que brillan en el aire,
de pronto se desvanezcan.

Sigo de pie en la batalla,
aunque las armas vuelen imparables
y me sea imposible contenerlas.

Porque el breve momento
en que lo bueno se manifiesta
luce en el vacío.

Malos tiempos

Veo el tiempo en la tele: sol y nubes
como en mi corazón, como en mi ánimo;
agua en los ríos, flores en el patio;
en mi casa, la nieve que la cubre.

¿Qué es la vida? Yo no respondo nada,
solo intento vivir: no lo consigo;
no sé ya distinguir a los amigos
ni interpretar lo que a mi lado pasa.

Tengo miedo y no sé por qué lo tengo,
tengo frío y estoy bien abrigada,
y de noche y de día tengo sueño.

La vida no es bonita, me hago cargo;
y sin embargo sigo en el empeño
de no acabar hundida en barro y fango.

Me dividiría en mil

Mi pecho quisiera
estallar en mil pedazos y esparcirse,
mil puntos luminosos destellando,
iluminando los fondos más oscuros,
sanando guerras y calamidades.
Un Jesús con sus sagradas manos.
Soy feliz. Me dividiría en mil.

Brecha

Una brecha se abre tan profunda
por los resquicios de mi vida incierta
que me lleva a las tierras más desiertas
y me aleja de selvas y de junglas.

Una brecha que me hace andar errante
por dunas cada vez más solitarias,
y no sé si quejarme o dar las gracias,
solo que he de seguir hacia delante.

Seguir hacia delante sin certezas,
sin rumbo fijo y con mirada errante,
agarrarme a mis pasos con firmeza.

Construir al segundo cada meta,
extender mi ramaje al horizonte,
cercenar sin piedad tanta maleza.

Palabras que el oído resiste

Palabras, palabras,
palabras que alcanzan,
que dan en la llaga,
que lamen la herida
que yace olvidada.

Palabras que arrancan
las partes oscuras,
las que se rechazan.
Que escuecen, que escarban,
que remueven lodos,
malolientes pozos.

Clavos en el oído.
Puñales del alma.

Mi madre

Mi madre se me rinde. Está pidiendo
la entrada en ese cielo merecido
tras años de crianza sin resuello
y otros tantos de «no ser» con gran talante.

Mi madre se diluye. Ya su cuerpo
se ha dejado caer con indolencia,
sin voluntad, sin vida, sin resistencia.

Mi madre ya no está. Hace ya tiempo
que mi madre no está, no es, no se rebela;
solo se deja hacer sin expresión
en sus ojos que miran a la nada,
en su boca que apenas ya ni canta.

Su cuerpo se ha dejado
caer en los abismos, anhelando
cruzar las puertas de este mundo
en el que ha dado tanto.

A la espera del premio merecido,
aquel de los descansos,
se limita paciente a exhalar un suspiro
de vez en cuando,
a escuchar el dolor que su cuerpo le transmite.

Su cerebro ya está cruzando al otro lado,
ajeno al cuerpo, que responde a las caricias
tan débilmente ya, tan relajado,
tan inerme, tan abandonado.

Mi madre se nos duerme.
Mi madre que no es nada, que ha pasado
una vida de lucha accidentada,
y hasta el trance de ser mucho a no ser nada
llevó con ese humor, con ese tarareo,
esa tensión de gracia disfrazada y su sonrisa
de niña agradecida.

Su silencio sin la queja física,
su esencia de insociable y solitaria
que a todos educó en la independencia,
en la vida a través de nuestros cánones.

Mi madre desplazó su bienestar
para dárnoslo todo.
Pudimos estudiar y aprendimos a ser
sin apenas medios económicos.

Mi madre, adelantada de su tiempo,
de libre pensamiento que impulsó
nuestro libre pensar y desarrollo,
con perlas y defectos, es verdad,
pero defectos propios.

Mi madre ya se apaga, la expresión de su cara
nos dice que ahora sí, que ya ha llegado
a ese mundo final de los descansos.
Mi madre, con su aspecto satisfecho.
¡Bravo, *mama*!
Tu herencia quedará viva en nosotros,
eso no lo dudes tú, *mama*, ¡buen trabajo!

La vida tenía un precio

La vida tenía un precio,
pensé que la regalaban,
valor que se oculta a veces,
otras bien caro se paga.
La vida, que pasa y no se siente,
la vida, que pesa tanto a veces,
que fluye y te transporta
como entre adormideras,
o sacude el ser con intensa violencia.

Aguanta

Si encuentras negrura
que dura, que dura
y no acaba...

¡Avanza!
Avanza
a tientas, a oscuras.

Lo dijo Machado,
que el camino se anda.

Si el viento no amaina,
si las nubes densas
los rayos opacan...

Aguanta,
¡tú aguanta!

Que también Machado
dijo: «Todo pasa».

Libros

Libros, libros...
compendios de experiencias y sabiduría,
arcones de tesoros escondidos
esperando los ojos asombrados
deseosos de viajar a lugares remotos
o dejarse llevar a países inventados.

Libros de interminables maravillas
donde todo es posible.

Te harán reír o enjugarán tus lágrimas,
consolarán tus penas poniendo en tus heridas
palabras curativas.
Abrirán tu intelecto a mundos paralelos,
devolverán las alas a tu sed de fantasía.

Libros, esa riqueza que no acaba,
que nunca te hará daño,
que no te pide nada.

¡Qué gran regalo, un libro!
Date un paseo por sus páginas:
la mejor medicina para el alma.

Quien te quiere también te limita

(Va por Pessoa)

A veces es mejor
estar sola que no.
Sentirse comprendida,
arropada, apoyada
se puede convertir en una trampa
que constriñe las alas.

El miedo a hacerlo mal puede sobrevenir;
a no estar a la altura o responder
como de una se espera.

Necesito a la gente,
que a la vez me limita.

El círculo vicioso
del ser humano y de la propia vida.

Seres humanos

Perpetua andadura,
somera duda,
nada en el todo.

Persiste la locura,
sobria, oscura,
nácar en lodo.

Genios, héroes, santos,
techos lejanos.

Secas las gargantas,
restos de sueños.

Húmedos los ojos,
manos pidiendo.

Nosotras. Ellos.
Persona,
persona,
gente.

Seres humanos.

Mi casa me gusta

Mi casa me gusta,
me gusta mi casa.
Sus habitaciones
siempre iluminadas,
su patio con flores,
su perra, su gata,
libros y papeles,
imprenta de mi alma.

Mi casa me llama.
Ayer, edificio
ajeno y anónimo.
Hoy, domesticada
como el Principito
domestica al zorro.

Ya no es una casa
cualquiera. Es mi casa.

Conmigo respira,
de mí se alimenta,
mis llantos absorbe,
su espacio me habla.

Mi casa me llena,
me llena mi casa.

Amiga silente,
ser que me acompaña,
que se deja hacer,
que asiente callada.

Como carcelera,
mis secretos guarda.

Es parte de mí.
Es Ella: es
Mi Casa.

Juana Mari

Es un espejo
brillante y limpio,
un arroyuelo
que corre vivo.
Es el descanso,
el movimiento,
ilusión tierna
y sufrimiento.

Es un espejo
que el bien refleja,
que me devuelve
a la existencia.

Es como un ángel
que me sostiene
cuando la vida
mis fuerzas vence.

Es una estrella,
la referencia
que no se mueve.

Es un cristal
que hay que mimar,
precioso y leve.
Es especial. Es el corcel
que a mí me mueve.

Mi casa me pesa

Mi casa me pesa,
me pesa mi casa:
sus paredes gruesas,
sus muchas ventanas,
ventanas herméticas
que ocultan la calle.
Me aprisiona el alma.

Me asfixia mi casa.
Sus muchos enseres,
que el aire me tapan.

Mis sueños tan solo
vuelan por las noches:
mi cuerpo descansa,
libre el alma escapa.

Los sueños son aves,
no los encarceles:
llévalos al sol,
llévalos al agua.

Yo quiero tu casa
sin muebles, sin nada.

Allí no tropiezo,
allí encuentro todo,
me veo, te veo.

No quiero estar ciega
ni muda, ni sorda.
Quiero que me veas,
quiero que me oigas.
Quiero ver los pájaros,
los árboles verdes,
las puestas de sol,
tus dones, mi suerte.

Hospital

Estoy en ese lugar
en donde la alegría se agazapa
y la verdad destapa
su cara real.

Donde las palabras
suenan monótonas y sin cadencia.
Donde la vida habitual se minimiza,
el dolor y la preocupación aparecen constantes
y la humanidad toma el poder.

Estoy donde el consuelo, que no es de tontos,
insufla a las personas energía para luchar.
En esta prisión forzosa aislada del mundo
que hasta al más valiente acobarda.
Donde el miedo tiene la última palabra.

Aquí se agacha el ánimo,
que camina torpemente y a gatas;
aquí el alboroto confunde las cabezas,
se desea el silencio y la calma;
el optimismo va cargado
de sombras e incertidumbres,
y la esperanza es un clavo ardiendo
al que todo el mundo se agarra.

Aquí no hay clases ni distinciones.
El hombre se torna humilde y débil
y el ser es invitado a la reflexión
acerca del valor real de la existencia.

Estoy en el lugar
de la justa dimensión humana,
de la autenticidad de los miedos.
Donde el hombre, a fuerza de duros golpes,
se despoja de artificios y apariencias vanas.

Tu exquisito lenguaje

(A Antonio Ballesteros)

¡Qué placentera sensación me evoca
tu lenguaje exquisito sin ser vacuo
de la palabra justa en el lugar exacto,
ordenándose en bellas oraciones,
la labor erudita, el preciso trabajo
que ofrece un resultado en apariencia básico.

Nada sobra ni falta; cada elemento encaja
y eleva la función del texto en su conjunto.

Impecable hermosura, sin caer en lo vano,
lenguaje culto y nada recargado,
sencillo y no vulgar, rico y no oscuro,
fácil y no banal.

Es una delicia libar esas palabras
que con su calidez se adentran en el alma.

Bullir sin tregua

(A Antonio Ballesteros)

No entiendo, y ya lo admiro,
ese bullir sin tregua,
esa insaciable vida,
producción sin descanso,
energía desmedida,
de las cosas bien hechas.

No entiendo cómo puedes
y a la vez siento impulsos,
la esperanza de verlo,
que si puedes, yo puedo.

Cambio

Cambio... Cambio.
Cada vez más lejos, cada vez más cerca.
Más lejos de mí, más cerca de... ¿qué?
Dejo lo que fui, pero ¿qué seré?
Terreno inseguro, ¿lo manejo bien?
Túneles oscuros,
después, ¿qué hallaré?
Dudas y más dudas,
¿estaré loca, o saldré?

Me repito

Me repito, me repito.
Me parece a mí la vida
un calco sobre el que escribo.

La mente planifica.
La mano verifica.
El cerebro es un mimo.

Placer mañanero

Es un placer sentir
el aire de estas sierras
mientras los pensamientos más oscuros
pugnan por instalarse en mi cabeza.

Es alimento oír
saludos con sonrisas a estas horas
que acercan optimismos y que ahuyentan
espíritus y sombras.

Caminar temprano en la mañana
respirando el monte del que emana
su más honda esencia.

Pasear por calles empapadas
de historia y gente, gente humana,
la calidez de oler el pan que está horneándose,
la rutina tranquila, dulce, plácida.

Es un placer vivir
en un lugar que a los sentidos llama,
las obsesiones calma
y la belleza ensalza.

Es delicioso estar
aquí, donde las sombras
al fin de mí se apartan
y dejan ver el ser que se esconde detrás.
El ser en calma.

Deseo de soles antiguos

En el cielo, nubes grises.
En la mirada... bajo el ánimo.
¿Nostalgia? Más bien deseo.
Quizá se bate el viento en la ventana
anhelando adueñarse de mi casa.
Se rebela el ánimo.
Deseo
de soles antiguos.

Lucha el viento contra las persianas
insistente, violento.
Deseo
de encajar lo disperso.

Disloque general, pasos sin rumbo.
Esfuerzos vanos, útiles...
Caos, desorden entre el pensamiento,
de un lugar a otro mariposeando,
horizonte incierto.

Granos de arena múltiples que podrían formar
un todo, una certeza, hacer realidad
un deseo.

Déjame soñar

Si al final se impone la temida realidad
de que existen cadenas
que te impiden hacia mí llegar,
déjame soñar un poco más
que juego a que eres libre
y a que he encontrado
lo que buscaba, ya.

Mi pasado

No puedo de un plumazo borrar mi pasado.
Es una osadía.
Mi pasado reparte la vida entre mis vidas,
coloca a mi persona en el sitio adecuado.
No, no puedo borrarlo.

Transmite a mi ser una brisa fresca,
lleva a sus rincones un aliento cálido.
Mi pasado me obliga a agradecer mi presente.
No puedo olvidarlo.

Me devuelve a la tierra con los ojos abiertos,
le regala a mi vida un sentido distinto.
Se encuentra a mí ligado.

He querido enterrarlo,
he querido apartarlo de mí como a un demonio;
arrancar de mi ser esa amargura;
no aprender de él, solo ignorarlo.

Pero él ha seguido en mí latente,
discretamente acechando,
esperando el momento para despertarme,
para separarme de mi sino equivocado.

No puedo por más tiempo ignorar mi pasado.
Es la antorcha de mi vida, es
mi sombra, mi ser complementario;
la fuerza que me aleja de los abismos.
No, no puedo olvidarlo.

Un doble

Necesito un doble,
la sombra a mi lado
que mis sensaciones
vaya perpetuando,
como una taquígrafa
que anote mis pasos.

Quisiera que el tiempo
se me duplicara.
Yo en mi tiempo, y al lado
mi doble con su doble,
perpetuando
mi riqueza alborotada.

Las veinticuatro horas
más dos de sueño.
Despierta la conciencia,
planeando sobre el cielo.

Me falta tiempo

Me falta tiempo,
me faltan manos,
me faltan ojos,
me faltan labios.

Los pensamientos
van desbocados;
los actos, cojos,
inacabados.

Me sobran rumias,
me sobran nervios,
me sobran dudas
y movimiento.

Sin la batuta,
los instrumentos
suenan a oscuras,
en desconcierto.

Bonitas notas
sin dirección,
caos disonante.
Suenan acordes
sin ton ni son.

Mi padre es un vampiro

Mi padre es un vampiro.
Va sorbiendo mi savia y él florece.
No sé cómo lo hace.
Como una llama fina,
debilita mi vida.
Como fuego arropado por el viento,
su llama se aviva al mismo tiempo.

Se extingue la luz
en un rincón sin oxígeno.
Bandadas de gusanos celebran
el nuevo sacrificio en el gran templo.

A veces...

A veces, sin quererlo,
hay que elegir caminos
que truncan algún sueño.

A veces, sin quererlo,
se entrecruzan las metas
en un sutil enredo.

Y hay que cortar un hilo
para que la madeja
siga corriendo.

A veces no es posible
que el árbol de los sueños,
sin una poda firme,
crezca apuntando al cielo.

Hay que elegir caminos,
dejar atrás senderos.

Esa parte de mí (que sí que es mía)

Esa parte de mí que ya no es mía,
esa rama de pronto desprendida,
injerto fiel a su semilla ajena
que se aleja del tronco hacia la arena.

Esa parte que estuvo aquí a mi lado,
en mi vientre, en mis senos, en mis brazos,
reducto fiel de la semilla ajena,
mímica cruel de comedias huecas.

Esa parte de mí de débil tallo
que una ráfaga un día arrancó de cuajo,
se enamoró del viento, no reconoce el árbol.

Esa parte de mí que ya no es mía.
Revuelo juvenil desde la lejanía.

Cuánto amor

A mi nieto Dani

Cuánto amor, cuánta vida
a raudales desfila por un cuerpo,
por un cuerpo pequeño, que apenas,
que apenas ha asomado el rostro al mundo,
al mundo que reciben sus ojos,
sus ojos inocentes y su sonrisa clara,
su sonrisa clara y transparente.

¡Cuánto amor, cuánta vida!
Materia prima
albergada en su puro
estado puro.

Un cuerpo diminuto
que el espacio llena.
¡Qué grandeza, qué simpleza!
Como la misma vida.
Un cuerpo, una cabeza
de solo tres añitos...
¡Cómo limpian el aire!
¡Cómo esparcen belleza!

La luz se desparrama
e ilumina las sombras.
Y todo es claridad
cuando esos tres añitos
se me acercan.

Zona de confort

Me dices que abandone mi zona de confort.
Me pasas enlaces y consejos
con la intención oculta
de que deje mi zona
para entrar en la tuya.

Insistes en que deje esa «zona de confort»,
mientras tú te aposentas fijamente.
Que rechace mi alma es lo que quieres.

Quieres ser el diablo mediador,
que, en vez de perder un alma, gane dos.

Limpieza

Limpieza, limpieza.
Polvo acumulado
por los rincones.
Huecos, sedimentos,
pozos y lagunas.
Recales ya secos
de lágrimas viejas.
Costras que supuran,
heridas infectas
que jamás se curan.

Limpieza profunda.
Total saneamiento
de raíces dañinas.
Que el alma florezca.
Que el cuerpo se yerga.
La mente despierte.
La vida prenda.

Todo va bien

Todo va bien, ¿y yo?
Cosas circunstanciales.
Cuando no vaya bien,
¿cómo estaré?
Todo sonríe...,
¡sonríe!

Se empina

Esbelta la figura,
de cisne el cuello,
se empina hacia otra vida,
horizonte incierto.

¿Qué incógnitas,
qué pensamientos...?

Necesito

Necesito un orden,
necesito un tiempo
y un silencio.

Un orden para encontrarme,
un tiempo para expresarme,
silencio para escucharme.

Necesito dar gracias
para impulsar con fuerza
el potencial enorme
de lo que me rodea.

Necesito romper
los yugos y las cuerdas
que mi ser parasitan.
Desincrustar las perlas
que ocultas ya no brillan,
y remontar sin tregua
el vuelo hacia la vida.

Y necesito dar.
Esparcir mil semillas,
abrir el ser estático
donde hibernan polillas.

Dejar que el sol y el aire
ventilen los rincones
que, a fuerza de negrura,
apenas se vislumbran.

Hoy no me toques

No me toques ahora.
Que han despertado todas mis heridas
y acechan como gatas desconfiadas,
queriendo levantarse en pie de guerra.

Hoy no me roces, no.
Mi ayer
se me ha venido encima de repente
y está plantado aquí, bajo mi piel.

Fuera la lluvia arrecia.
Dentro, oscuras sensaciones
sobrepasan mis células.

No, hoy no te acerques. Déjame sola,
que repose el dolor hasta calmarme.
Y así calmar mi cuerpo, ya inundado
de esta informe sustancia
que amenaza con romperme y desbordarse.

Déjame, déjame sola.
Porque si hoy me hablas,
porque si hoy me rozas,
regresará a gusano la joven mariposa.

Cuatro puntos cardinales:

norte, sur, este y oeste.
La veleta no se mueve.

Hoy me santifican,
mañana me crucifican.
Y soy la misma.

Yo no soy yo

Yo no soy yo,
más bien (la) soy otra.
¿Lo fui alguna vez?
Trazos misteriosos...
Perdiendo el hilo de los sueños
poco a poco.

Acabaron las fiestas

25 de julio de 2016: en Moratalla,
muere una chica corneada por una vaquilla.

Acabaron las fiestas,
excitación y vida.
Los que eligieron miedo
y adrenalina,
la emoción, la aventura,
sonido de locura,
ingente bebida.

Ya se acalló la banda
de la alegría,
la comparsa festera.
Intensos días.

También la muerte quiso
bailar su danza,
¿acaso muerte y vida
juntas se abrazan?

¡Qué misterio la muerte,
que se rehúye
mientras se nos acerca,
la temeraria!

¡Qué hipnótica atracción
la balancea,
como en juego macabro
que busca la vida mientras la desprecia!

Buscando una referencia

Revoltijo de ideas,
mezcla de sensaciones.

Dudas graves —en mí—,
salvajes vendavales.

Busco una referencia,
punto fijo,
en este cosmos líquido.

Bandeándome el viento,
mantengo el equilibrio.
¿Lo mantengo?

Subo, me estrello y,
a veces, felizmente,
los aires surfeo.

Dónde estabais, recuerdos

¿Dónde estabais, recuerdos más intensos?
¿A qué resorte he dado de mi espíritu
que saltáis así, tan de improviso,
y mi sangre ponéis en movimiento?
¿Es la música, el aire, el firmamento,
que conspiran conmigo hasta el delirio,
o es que me vuelvo loca por momentos
y no distingo el aire que respiro?

Alma destartalada

Alma destartalada de fiesta engalanada.
Aparente opulencia, y la apariencia
oculta con su brillo la oscuridad que rabia.

Alma hueca de almas huecas se acompaña
que tienen ya pericia en disimulos.
Que no quieren llenar
un hueco. Solo tapar la zanja.

Capacidad

Capacidad, potencia
no acepta mermas.
Impulso hacia lo alto
suelta cadenas.
Carrera acelerada,
traspiés que no amenaza,
de nuevo se levanta,
de nuevo hacia la meta.
Salió de su letargo,
de su gran siesta.
Liebre alcanza tortuga,
se recupera.
Creatividad, conciencia.
El tiempo malgastado,
en el olvido.
La liebre confiada
vuelve al camino.

Quisiera... paz

Quisiera que la paz, esa dulce palabra,
se instaurara en el mundo y se instalara en mi alma.
En el fondo, no sé dónde empieza y acaba
ese estado sereno o ese infierno de rabia.

Es muy fácil querer que países ajenos
dialoguen y decreten: «¡Se acabaron las armas!».

Pero también en mí se acrecienta el deseo
de que la paz invada la oscuridad de mi alma,
que la luz se abra paso e ilumine su centro
como aquel suave bálsamo que apacigua las aguas.

Yo no quiero las guerras en países ajenos,
pero aún quiero menos las que tengo aquí cerca.
Dentro de mí y afuera, con amigas, familia,
en trabajo, comercios, gentes que están de paso...

Guerra y paz dentro y fuera.
¿Dónde empieza y acaba
esta paz,
esta guerra?

Rumbo incierto

El águila sin vista,
sin oído el murciélago,
sin dirección la orquesta,
el rumbo incierto.

Imágenes, sonidos
invaden los cerebros,
cubren el alma.

Dispares perspectivas,
oleadas de posibilidades
quiebran la unidad de las neuronas,
la atención esparcen.

Se desvanece el orden,
la realidad se difumina.
Mentes miopes.
Almas perdidas.

Atisbo

Atisbo allá en lo alto,
por esas teles de Dios,
un mundo muy extraño.
¿Quién lo inventó?
Hablan no sé qué idioma,
echándose los trastos.
Muñecos de goma,
paridero de antros,
Sodoma y Gomorra,
casta de los «incastos».

Volver a creer

Volver a creer,
volver a reír,
perdonar al fin.
Soltar todo el lastre,
las alas ligeras,
los pies descansados,
aguda la vista,
vivos los sentidos,
en pie la esperanza,
a raya los miedos.

Volver a vivir,
volver a sentir.
Ya desincrustados
los poros del cuerpo,
la luz y el oxígeno
libres entran dentro.
Libres de toxinas,
de viles recuerdos,
de máscaras falsas,
corazas de cuero.
Los miedos a raya,
los poros abiertos,
la pureza pasa,
se empieza de nuevo.

Amalia (acróstico)

Amar, el primer precepto.
Matar demonios que hirieron.
Asir sueños y deseos.
Latir en cada momento.
Inventar mares abiertos.
Agrandar los universos.

Invocación

¡Sal! Emerge de las brumas,
aparta las tinieblas con que cubres tu luz.
Preséntate ante el mundo tal cual eres,
guarda el disfraz.

Eres bella. Se desprende
una intensa luz por donde pasas,
que sana el aire.

Eres sabia. Ya no puedes
ocultar por más tiempo la crecida,
el torrente de agua atronadora
que sin control ya escapa.

¡Sal! Abre ya las compuertas de tu alma,
deja salir la luz y el agua,
que se inunde el cosmos de tu imponente savia.
Sal. Sal ya, alma blanca.

Los monstruos

Aquellos monstruos volaron.
Se fueron lejos.
La soledad en público,
expuesta en la vitrina.

Mas no desaparecen,
no se aleja el peligro.
Otros fantasmas llegan
y ocupan su vacío.

Chico para todo

Chico para todo, solución al canto.
La cabeza piensa, todo colocado.
Todo concreto, nada abstracto.
Todo en el suelo, nada volando.

Chico para todo, todo bien atado.
Chico prevenido, chico masculino.
Cien por cien direccionado.

Silencio

Silencio, largo silencio.
Porque han quedado mudas las palabras.
Porque expresa mejor este vacío
lo que hoy yo siento
que toda la teoría acumulada.
Porque he tocado el fondo de mí misma
y he visto con terror mi frágil alma.
Mi discapacidad desnuda, genuina.
Y no he podido afrontarla.

El aislamiento me llama.
Me atrae con fuerza, me arrastra.
Sería fácil. Sería lo más fácil.
Recogerme en mi concha.
No tengo fuerzas. Mi resistencia
ha taladrado el fondo del abismo.
Quedarme en ese abismo y desde ahí construir.
Construirme.

Arremete, lluvia

¡Arremete, lluvia, purifícanos!
¡Arremete, lluvia, líbranos del mal!
Arrasa los parásitos con furia.
Absorbe, transforma, ¡desintégralos!

¡Bendita tú eres por siempre jamás!
¡Gracias por llegar!
Lluvia sanadora que despertarás
la vida que duerme.
¡Gracias por llegar!

Lluvia que la atmósfera vienes a limpiar,
firme e impasible.
¡Gracias por llegar!

Venga a nosotros tu savia
que la Tierra regenerará.
Amén.

Lluvia milagrosa

Nunca hubiera creído en la alegría
de sentir esta lluvia persistente,
acostumbrada al sol que, permanente,
me ilumina sin tregua cada día.

Me sorprende esta nueva sintonía
del golpeteo agudo y consistente
que transmuta las capas de mi mente,
incrustadas en mí de puro antiguas.

Hay que ver cómo un simple cambio externo
es capaz de alterar las percepciones
que creía arraigadas en el tiempo.

¿Por qué no abrirse, pues, al cambio interno?
Si es momento aún para renovaciones,
que la barca me lleve a los océanos.

Un poco de...

Un poco de paz,
un poco de orden
en esta vorágine de cambios constantes.

Un *stop*, una parada,
en el mismo centro del ojo del huracán.

Un detenerse justo
cuando todo se mueve
para echar una ojeada,
para entrar lentamente al interior,
para observar mejor.

Un poco de amor,
y unas antenas
que capten la verdad en ondas
inconscientes.

Y en el corazón,
las ondas ensanchadas del amor
bombeando chispas encendidas hacia el universo.

Desamor

Queja continua
de que nadie te quiere,
de que no te comprenden.

Agua destila
tu mirada inclemente,
congelada, indolente.

Mas...
cuando alguien te ofrece
un poco de cariño,
de comprensión, de mimos...

huyes despavorida,
asustada, confusa,
como oruga te encoges.

Porque no te lo esperas,
no lo has tenido nunca.
Ahora no te acostumbras.

Crees que no lo mereces.
El amor ya te abruma.
No lo has tenido... ¿Nunca?

Cuando yo me muera

(Va por García Lorca)

Cuando yo me muera,
dejad los libros abiertos.

El sabio emana su esencia,
en los libros lo entreveo.
La Tierra late caliente,
en los libros yo la siento.

Cuando yo me muera,
dejad los libros abiertos.

No-

Madre no-madre
no-mujer, no-nada.
Pena partida,
encarcelado instinto.
Voz acallada.

Quiero parar el tiempo

Quiero parar el tiempo.
El tiempo acelerado.
El tiempo que me asfixia.
Maratoniano.

Quiero parar el tiempo.
Paréntesis de vida,
depósito de oxígeno.

Sé que puedo pararlo,
desgajarme del todo,
contemplar con mis ojos
dónde empiezo y acabo.

Detendré un tiempo el tiempo.
Dejaré la ruleta
fuera del pensamiento.

Se ha detenido el tiempo.
El tiempo acelerado.
Lo contemplo
ajeno, abandonado.

Quiero volver al tiempo
libre de sus cadenas.
Tiempo sin esclavos.

Te mentí

Te mentí. Te dije:
¡Me encanta tu casa tan grande!
¡Qué rabia no tener una!
¡Qué rabia mi casa pequeña!

Te mentí. Me gusta
mi casa pequeña,
comprada, adornada, creada
por mí.
Mi obra, mi paz, mi refugio, mi cueva.
Mi casa pequeña, donde soy feliz.

Donde está mi esencia,
donde corren ríos
de vida, de llantos.
Donde al fondo caigo.
Donde me levanto.

Te mentí. Te dije:
¡Qué grande tu casa!
Tu casa tan fría,
despersonalizada,
enorme guarida
de «amigos», de nadas.

Tantísimo hueco,
espacio vacío.

Te he mentido: solo
me gusta mi casa.

Te perdono, me perdono

Te perdono por herirme,
me perdono el no frenarte.
Perdono tu corta vista
y mi ceguera egoísta.
Tu insensibilidad e indiferencia,
mi sensibilidad y sufrimiento.

Algo debo aprender que no adivino.
Vagas ideas me rondan por los aires,
mientras busco la luz en el camino.

Amigas dispares

Amigas dispares,
sorpresas a pares.
Destapo mis sombras,
libres como pompas.

Amigas afines
a ciertas raíces,
rarezas auténticas,
espontánea esencia,
natural querencia.

Amigas elásticas,
se estrechan, se ensanchan.
Saltan por encima
de las normas rancias.

Un poquito de amor

Un poquito de amor.
Solo unas gotas.
Como un fresco perfume
que el cuerpo aroma.

Un mucho de paciencia,
de escucha abierta.
Los oídos atentos,
amor a espuertas.

Y mantener la calma.
Y mantener la calma
en la tormenta.

Vuelve

Vuelve.
No me importa que alguna vez te ausentes,
que dormites y así estires tu mente,
que pasees y a otros mundos entres
y te busque y no te encuentre.
Que te pongas a hibernar de repente.
Pero... vuelve.

No quiero que te instales en la huida,
que de tan alto vuelo no controles la caída,
que olvides que aquí abajo está la vida,
que te espero con el alma en agonía,
que tus viajes sentido no tendrían
si no es para volver aquí, a la Tierra,
a pisar sus arenas y sus piedras,
a abrir nuevos caminos en la selva,
a calmar esos gritos de impotencia,
a secar esas gotas de tristeza.

Vuelve. Vuelve, no te pierdas.
Con la mochila cargada
de remedios y de chispas mágicas.

Vuelve. Vuelve a la *Matrix*.
Vuelve a tu raíz y a tus semillas.

Estupidez humana

Estupidez humana por miedos incrustados
imprimidos a fuego al fondo de la entraña.
No quieres ver el miedo que asusta y sobresalta
y sobre el miedo saltas.
Entre dejarse llevar como veleta
o tratar de guardar la independencia,
fina línea se quiebra,
se vuelve a unir, a partir...

Fiesta y muertes

Día de fiesta, día de muertos,
día de muertes y de fiesta.
Unos el mundo abandonan,
otros la vida celebran.
Y en algún punto se une
esa energía o materia,
ese espacio claroscuro,
claro en mitad de la selva,
luz y sombra (la que no se nombra).
Indivisibles partes
que se buscan y no quieren encontrarse.

Huyendo de la vida

Huyendo de la vida.
Actividad servida.
Huyendo de sí misma
despavorida.

Huyendo de la vida,
tropieza con la piedra
que no veía.
La vida se le precipita.

En el suelo estirada,
contempla la vida cara a cara.
Pausa larga.
Se levanta.
De la mano caminan.
Amigas, no enemigas.

No me envidies

Emulando «Nada» de Mascab

¿Por qué me envidias, si yo
soy solo un ser humano?
Y en eso vamos las dos
caminando de la mano.
Si destaco en unas cosas,
en otras doy batacazos.
No me envidies, porque yo
no soy más que un ser humano.
Y en eso vamos las dos
juntas en el mismo barco.

Hoy he soñado contigo

Hoy he soñado contigo,
y el sueño me supo a poco.
Soñaba que éramos niñas,
con el futuro a los ojos.

Soñé viejas ilusiones
que han ido cayendo al fondo,
y quise girar, y quise
retomar de nuevo el rumbo.

Hoy he soñado contigo,
y las dos éramos uno.

Unidas en nuestra infancia,
¡qué sueño tan emotivo!
Hoy he soñado contigo
y el sueño me supo a vino.

Peso

A veces
las piernas pesan,
los pies no pueden.

Pretenden no temer,
horrorizado el ser.
Engañar la mirada
con sueños en calma
mientras en lo hondo
la sangre circula,
se libra la batalla.

A veces
se aligeran las venas,
se distienden los músculos
y el león temeroso
asoma las defensas.

A veces
queda el abatimiento
si cuerpo-mente-alma
no soportan el peso.

Ingrato mundo
(¿y yo?)
que no perdona
(¿y yo?).

Escuela y realidad

Patrones generales les enseñan,
válidos solo dentro de la escuela.

Al salir a la calle, no recuerdan
que lo que aprenden son cosas verdaderas.

La escuela es la burbuja de colores,
de cuentos, de princesas y canciones,
de hormas de igual número.
Trajes de talla única no a todos favorecen.

Diversificación, currículos adaptados...
siembran mis dudas.

Y no sé responder,
ni sé si sé o no sé,
solo que no me gusta,
que dudo y que quisiera
saber qué hacer.

Presencia

Presencia no presente.
Presencia que va y viene,
no se aposenta.
Se detiene,
vuelve,
contempla.
Gira, voltea el aire
sin nombre ni permanencia.

Presencia desanclada
donde vaya.

No sé qué fui

No sé si fui mamá, o nieta, o hija.
¿Hermana? Dios lo sabe. Esposa, no.

No me he sentido amiga al cien por cien.
Trabajadora, sí. Reconocida, no.
Nunca creí en mí.

Llega la encrucijada
o el caos.
Mis sombras bailan.

Letanía del ego

El ego,

ese doble retorcido que aparece cuando a alguien le reprimen expresarse como es.

El ego,

esa imagen deformada de un espejo que te engorda o adelgaza a conveniencia o interés.

Granada

Granada, ¿qué tienes, qué guardas?
Tan solo nombrarte convulsiona mi alma.
Tu historia, batallas,
en densa energía flotan por tus calles,
por tus gentes.
Suspendida en el aire,
te respiro a ráfagas.

Granada, ¿qué magia
rezuma tu aire?
La emoción penetra
intensa, confiada,
y empapa mis entrañas.

Algo en ti me llama, algo reconozco
que invisible enlaza
con lo que hay en mí más hondo.

Incontinencia llantaria

Un océano, una laguna,
torrente incontrolable.
A la menor señal:
una pluma que roza una herida,
un pinchazo que el globo desinfla,
una leve caricia o un rayo de sol,
que provoca la sombra peor.

Destapada la caja de Pandora,
las aguas y los vientos, enfurecidos, lloran.
Incontinentes, imparables.
La veleta está loca.
Llanto y ansiedad rompiendo las murallas.

Incontinencia llantaria.

Ábrete

¡Ábrete, Tierra!
Muéstrate desnuda...
(¿Indefensa?)
Abre tu intimidad
a la cámara indiscreta.
Ella descubrirá
tu impresionante belleza.
Excavará tu entraña,
violará tus recuerdos,
tus secretos guardados
en hondísimas cuevas.

¡Ábrete, Tierra!
Muestra tus virtudes
sin pudor, sin consciencia.

No hay escapatoria.
Llegará ella.
Llegará la cámara,
descarada y violenta,
destapará tus senos,
tus eróticos huecos,
tu esplendor.
Dejará a la intemperie,
desgarrada, profanada,
tu naturaleza.
¡ÁBRETE, FÉMINA!

Los niños son niños

Los niños son niños,
vida, movimiento.
Acabarán cortados.
Ahora es su tiempo.

Antes de que las hachas
poden sus pensamientos.
Antes de que aguas turbias
laven sus juegos.

Los niños son niños,
vitalidad, contento.
Con torpezas, manías,
frustraciones, tropiezos.

Antes de que, a empujones,
los metan al rebaño
y adiestramiento.
Antes de que los miedos
tomen asiento.
Antes de que, finalmente,
dejen de ser ellos
y necesiten de otros
para cada acto
y cada pensamiento.

Eterno Prometeo

Vuelves.
Cansancio del viaje,
dolor en los huesos,
retomas el camino
del desconocimiento.

Con dedos de plata, desbaratas,
madejas trabadas e intrincadas,
tus pensamientos.

Paciente,
con calma,
costurero nato,
incansables dedos.

Ramificaciones
de dudas, de ensueños.
Inseguridades,
prejuicios,
lleno de todo y despojado al tiempo,
con rigor te aplicas los castigos.
No sabes de escarmientos
y vuelves a caer y a castigarte.
Eterno Prometeo
que no rompe la roca,
que no escapa.

No tan reina

En tu entorno eres la reina.
Te mueves bien, manejas
las distancias más cortas.
Conoces las jugadas y al que juega.

Pero ¿y si algo inesperado
asoma por tu puerta
e invade tu confort y tus certezas?

Nina

Con elegancia fina y cuidadosa,
va pisando con tino la uralita,
ángel blanco que sana y que me quita
desesperanzas y esta angustia sorda.

Invisible dechado de paciencia,
como sombra acompaña pesadillas,
momentos de silencio y de alegrías,
siempre fiel, cercana y zalamera.

Bien y mal en guerra

Vuelan el bien y el mal
en batalla constante,
disputándose
la victoria final.

Lucha feroz entre titanes
que hace tambalear
los cimientos de ambas partes.

¿Quién vencerá? Dicen
que nadie vence en la guerra.
Y así será.

Punto de inflexión

No soy Jesús.
No puedo dividirme.
Si me rompiera en mil pedazos,
vagaría por cada triza
buscando reconocerme,
y se iría difuminando en cada añico
lo que fui o creí ser,
en el caleidoscopio de cristal.

Rebobinar...

Hoy han vuelto las nubes a su estado
blanco y algodonado.
La causa no la sé, serán las lluvias.
Me cansa ya pensar.
Me gusta imaginar
que no ha pasado el tiempo ni la edad,
ni tantas cosas...
y que estamos aún en esa etapa
de vida relajada y de simplicidad.

Que no ha crecido nadie,
que todo sigue igual...
igual que antes...
que antes de acelerar.

Ojos amenazantes

Ojos amenazantes
sin rostros, sin sonrisas.

Que crean interrogantes,
cruces en el cerebro
de boca imaginada con real.

Y la extrañeza, luego,
del aprender, de nuevo,
un rostro que ocultaba
su sentido completo.

Hablar a máscaras,
oír a máscaras,
esa inseguridad,
la incertidumbre
de imaginar a ciegas
el *feedback*.

Como se habla a una máquina,
al tiempo que las máquinas
ganan terreno y hablan,
avanzando todas
a grandes zancadas.

¿Conservará todavía
la caja de Pandora
la anhelada Esperanza?

Agua

Huele el aire...
olor enrarecido...
Residuos.

Sabe el agua...
El agua sabe a grito
silencioso. Mc asfixio.

Bebo... con boca incierta.
Como... con miedo.
¿Llegó la sangre al río?
Llega el residuo
de sociedad enferma,
de industria sin ética,
sistema sin conciencia.

Y el agua no se queja,
solo se deja.
Devuelve lo que absorbe.

El hombre mata el agua,
la industria mata el agua,
y el agua, lentamente,
al hombre va matando,
devolviéndole al fin lo que era suyo
como un bumerán.
Agua... te abrazo.
Vida... te abrazo.

ÍNDICE

Este libro se terminó de editar en Granada
en marzo de 2026 por

www.aliarediciones.es
info@aliarediciones.es